5. Schuljahr

W0287820

chubi®
westermann®

Sattelfest in Deutsch

Peter Goetsch
Illustrationen: Melanie Woicke

Weitere Titel der Reihe:
Sattelfest in Deutsch, 1. Schuljahr (Bestell-Nr. 100 11)
Sattelfest in Deutsch, 2. Schuljahr (Bestell-Nr. 100 12)
Sattelfest in Deutsch, 3. Schuljahr (Bestell-Nr. 100 13)
Sattelfest in Deutsch, 4. Schuljahr (Bestell-Nr. 100 14)
Sattelfest in Deutsch, 6. Schuljahr (Bestell-Nr. 100 16)

Sattelfest in Mathe, 1. Schuljahr (Bestell-Nr. 241 01)
Sattelfest in Mathe, 2. Schuljahr (Bestell-Nr. 241 02)
Sattelfest in Mathe, 3. Schuljahr (Bestell-Nr. 241 03)
Sattelfest in Mathe, 4. Schuljahr (Bestell-Nr. 241 04D)
Sattelfest in Mathe, 4. Schuljahr Schweiz (Bestell-Nr. 241 04CH)
Sattelfest in Mathe, 5. Schuljahr (Bestell-Nr. 241 05)
Sattelfest in Mathe, 6. Schuljahr (Bestell-Nr. 241 06)

CH-8207 Schaffhausen
service@schubi.com
www.schubi.com

10. Auflage 2020

ISBN 978-3-86723-129-9

No 100 15

MIX
Papier aus verantwortungsvollen Quellen
FSC® C009717
www.fsc.org

Hallo!

Mein Name ist Robbie und ich begleite dich durch dieses Deutschheft.
Gemeinsam tauchen wir dort auf, wo gerade ein Fest gefeiert wird. Dabei lösen wir Rechtschreib- und Grammatikaufgaben. Es gibt viel zu entdecken! Immer wenn es knifflig wird, unterstütze ich dich mit Tipps.
Wenn du die Aufgaben einer Seite gelöst hast, kannst du deine Lösungen mit einem Ausmalbild, einem Linienbild oder mit einem Lösungswort überprüfen.
Sobald du mit einer Seite fertig bist, wartet eine schöne Belohnung auf dich: Auf der vorderen Umschlagseite ist ein Volksfest abgebildet. Für jede gelöste Seite darfst du ein Feld darauf freirubbeln.

Nun aber nichts wie los!

Liebe Eltern

Auf den Seiten 35 und 36 finden Sie Elternhinweise, damit Sie Ihr Kind bei der Arbeit optimal unterstützen können. Sie erfahren, worauf bei der Bearbeitung der Aufgaben besonders geachtet werden sollte. Sämtliche Lösungen finden Sie auf den Seiten 32 bis 34. Freuen Sie sich aber auch, wenn Ihr Kind mit diesem Heft selbstständig arbeiten kann.
Das Heft enthält 25 Übungsseiten zur deutschen Rechtschreibung und Grammatik des 5. Schuljahres und zwei Lernkontrollen, eine in der Mitte des Heftes und eine zweite ganz am Schluss.

Sämtliche Aufgaben kann Ihr Kind durch Selbstkontrolle überprüfen. Werden sie richtig gelöst, entsteht ein Ausmalbild, ein Linienbild, ein Lösungswort oder ein ganzer Satz.
Auf der vorderen Innenseite des Umschlages befinden sich Rubbelfelder. Sie sind als Belohnung für gelöste Seiten gedacht.

Der Seelöwe Robbie begleitet Ihr Kind bei der Arbeit, es ist aber wichtig, dass auch Sie Ihr Kind bei Schwierigkeiten unterstützen und begleiten.

Inhalt

Dreikönigstag

Wir begeben uns gemeinsam auf eine Reise quer durchs Jahr und halten immer dort an, wo es gerade etwas zu feiern gibt. Entscheide dich, ob die Wörter mit **ä** oder **e,** mit **äu** oder **eu** geschrieben werden. In jeder Gruppe haben drei Wörter ein verwandtes Wort mit a oder au im Wortstamm. Schreibe diese Wörter deshalb mit ä oder äu und streiche den Buchstaben in der rechten Spalte durch. Wörter ohne solche Verwandte schreibst du mit e oder eu.

Merke dir folgende Wörter mit ä oder äu, die du nicht ableiten kannst. Drei davon kommen in der Übung vor:

allmählich	fähig	gähnen	grässlich	die Käfer	der Käse
der Lärm	die Mähne	der Säbel	die Säge	schräg	spät
die Träne	während	das Knäuel	die Säule	sich räuspern	sich sträuben

1

ein L___fer	T
ein K___fer	E
viele L___te	H
zwei K___zchen	R

2

Kleinst___dte	F
der Gewichth___ber	P
Bärenkr___fte	I
Zahnr___der	O

3

der H___rbststurm	A
die Winterk___lte	E
Vollmondn___chte	S
Obsts___fte	W

4

unf___hig	D
ohnm___chtig	F
treuh___rzig	P
gr___sslich	R

5

sich r___spern	L
sich schn___zen	M
sich s___bern	A
sich fr___en	N

6

das Glockengel___te	B
erl___tern	O
h___te Abend	S
r___mlich	L

7

er tr___mt	E
sie l___ft	G
du r___mst auf	H
er str___t	I

8

Laubb___me	R
Schlangenh___te	U
Holzkr___ze	I
Kopfl___se	E

9

Heilkr___ter	R
Beerenstr___cher	M
Wasserschl___che	O
Getreidesch___ne	E

10

Gartenfr___nde	A
Holzz___ne	T
Hochh___ser	R
Wühlm___se	I

Am 6. Januar ziehen Kinder in der Verkleidung der Heiligen Drei Könige mit einem goldenen Stern an einem Stab als Sternsinger durch den Ort. Einen anderen Namen für den Dreikönigstag erfährst du, wenn du die Buchstaben der Wörter mit e oder eu bei den passenden Aufgabennummern einsetzt.
Das Lösungswort ist griechisch und bedeutet Erscheinung des Herrn.

9	2	7	4	1	10	5	8	3	6

Wenn du die Aufgaben gelöst und überprüft hast, darfst du die Nummer 1 auf dem Volksfestbild freirubbeln.

Silvesterkläuse

Entscheide dich bei jedem Wort, ob es mit **k** oder **ck**, **z** oder **tz** geschrieben wird. Nur nach kurz gesprochenem Vokal (a, e, i, o, u, ä, ö, ü) schreibt man tz oder ck. Bei allen Wörtern, die mit ck oder tz geschrieben werden, streichst du den Buchstaben in der schmalen Spalte durch.

k oder ck?

1	stre___en	T	trin___en	R	schlu___en	U
2	ga___ern	E	me___ern	D	blö___en	A
3	der Archite___t	S	das Sto___werk	B	die Glo___e	I
4	entde___en	F	entzü___en	T	re___lamieren	Ä
5	stär___en	C	stri___en	H	pri___eln	K
6	das Beste___	L	die Ha___e	Z	die Pau___e	S
7	der Ele___triker	U	der Bä___er	O	der Nusskna___er	L
8	tü___isch	N	ne___isch	M	e___elhaft	I
9	dire___t	L	rü___wärts	B	zurü___	A
10	die Ba___e	L	der Schen___el	U	das Be___en	I
11	strei___en	J	du___en	M	zwi___en	G

z oder tz?

12	he___en	T	schmel___en	R
13	der Wei___en	O	der Fe___en	Z
14	der Spi___bub	K	der Offi___ier	G
15	schwän___en	E	schwi___en	A
16	ki___eln	I	spa___ieren	R
17	win___ig	G	tro___ig	L
18	das Re___ept	T	der Me___ger	F
19	die Matra___e	N	das Kreu___	S
20	der We___stein	B	die Schür___e	P
21	pla___ieren	E	strapa___ieren	A
22	das War___enschwein	P	der Schmu___fink	L

Die Appenzeller in Urnäsch in der Schweiz feiern zweimal Silvester, am Jahresende und am 13. Januar den Alten Silvester. Wem sie das zu verdanken haben, erfährst du, wenn du die Buchstaben der Wörter mit z und mit k von Nummer 22 an rückwärts liest.

Du darfst die Nummer 2 freirubbeln.

Drei Wesen aus vergangener Zeit

Wortstämme sind hilfreich. Wenn du von einem Wort die richtige Schreibweise kennst, kannst du alle Wörter mit dem gleichen Wortstamm auch fehlerlos schreiben. In jeder Gruppe haben drei Wörter den gleichen Wortstamm. Schreibe ihn auf. Kreise die Buchstaben rechts von den beiden Wörtern ein, die einen anderen Wortstamm besitzen.

1

die Pilze	V
zerplatzen	T
das Liegeplätzchen	U
plötzlich	O
platzsparend	K

platz

2

die Unterstützung	L
umstürzen	G
der Stützpfeiler	A
abkürzen	E
der Einfüllstutzen	K

3

gefährlich	K
umfahren	O
vielfältig	L
unfähig	G
der Gefährte	N

4

das Paket	R
auspacken	T
praktisch	Y
der Gepäckträger	Z
das Päckchen	T

5

häkeln	F
häckseln	M
die Gartenhacke	M
abhaken	F
zerhacken	G

6

das Publikum	W
zerdrücken	F
der Laserdrucker	L
der Reifendruck	L
die Dunkelheit	I

7

die Schwärze	L
der Schützling	R
die Schürze	D
beschützen	L
der Feuerschutz	E

8

die Absätze	E
der Setzling	O
herabsetzen	B
das Gesetz	I
abschätzen	R

9

die Lokomotive	M
verlockend	D
der Lokalmeister	A
das Löckchen	E
herauslocken	N

10

dünnhäutig	S
der Hautausschlag	S
abhäuten	T
heute	N
die Heuernte	N

11

unfreundlich	Ä
erfreulich	L
die Vorfreude	Ö
der Jugendfreund	P
die Freundschaft	Ü

12

lackieren	S
der Autolack	U
das Bettlaken	W
die Lackfarbe	T
aufflackern	E

Im Januar kommt in der Schweiz rheinabwärts auf einem Floß eine unheimliche Gestalt in Basel an und wird von zwei anderen Gestalten erwartet. Gegen vierzig Mal führen die drei einen anstrengenden Tanz auf. Die Namen der drei Wesen erfährst du, wenn du die eingekreisten Buchstaben der Reihe nach liest.

Alles gefunden? Du darfst die Nummer 3 freirubbeln.

Chinesisches Neujahr

Nach einem kurz gesprochenen Vokal folgen **zwei** Konsonanten, nach einem lang gesprochenen Vokal oder einem Doppellaut (ei, au, äu, eu) folgt nur **ein** Konsonant. Wegen dieser Regel kann sich bei manchen Verben der Wortstamm verändern: Einige Formen werden mit zwei Konsonanten geschrieben, andere nur mit einem.

Beispiele: *kurzer Vokal: kommen* *langer Vokal: kam*
kurzer Vokal: griff *Doppellaut: greifen*

Lies die Wörter laut. Entscheide, ob du einen oder zwei Konsonanten setzen musst. Kreise die Zahlen der richtigen Antworten ein.

1	rei___en	t 22	tt 9
2	er ist geri___en	t 4	tt 21
3	ein Dressurrei___er	t 10	tt 34
4	wir ri___en	t 53	tt 2
5	grei___en	f 1	ff 23
6	ein Grei___vogel	f 24	ff 44
7	du hast gegri___en	f 3	ff 35
8	ihr ergrei___t	f 36	ff 54
9	er gri___	f 11	ff 45
10	ko_____en	m 37	mm 50
11	das Einko_____en	m 46	mm 25
12	ich ka_____	m 12	mm 32
13	du bist geko_____en	m 33	mm 13
14	wir ka_____en	m 51	mm 14
15	neh_____en	m 8	mm 39
16	er ni_____t	m 20	mm 7
17	sie hat geno_____en	m 16	mm 29
18	die Einnah_____en	m 52	mm 38
19	Ni_____ Rücksicht!	m 55	mm 56
20	strei___en	t 43	tt 48
21	eine Strei___frage	t 6	tt 27
22	wir stri___en	t 28	tt 42

23	ich habe gestri___en	t 15	tt 19
24	tre___en	f 26	ff 47
25	ich tra___	f 17	ff 49
26	du hast getro___en	f 40	ff 18
27	wir tra___en	f 30	ff 41

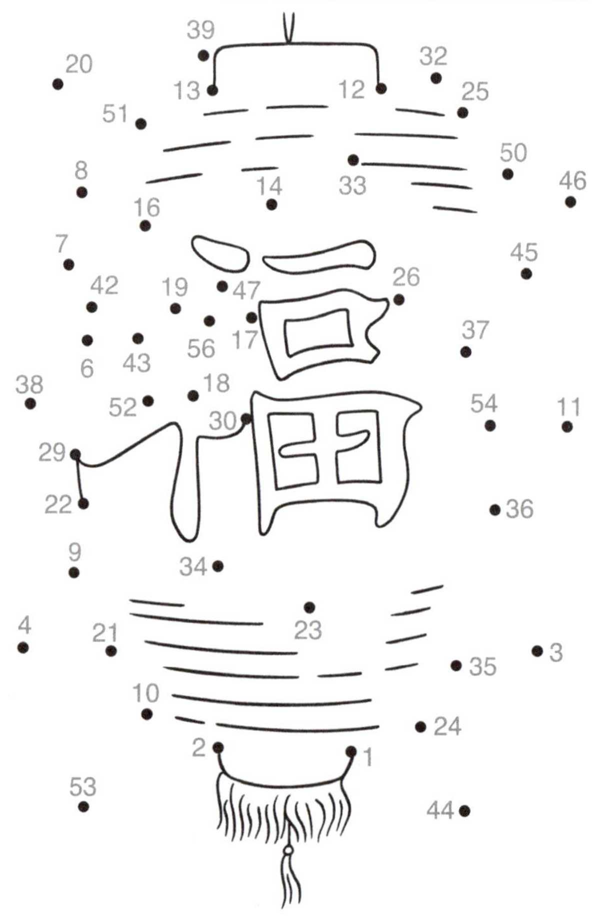

Das Chinesische Neujahr findet am zweiten Neumond nach der Wintersonnenwende statt, also zwischen dem 21. Januar und dem 21. Februar. Am 20. Tag des elften Monats wird als Vorbereitung für dieses Fest das Haus gereinigt und rot dekoriert. Rot steht in China für Glück, Freude und Wohlstand. Verbinde die Zahlen der richtigen Lösungen der Reihe nach miteinander.

Rubble jetzt die Nummer 4 frei.

Austoben vor der Fastenzeit

Du schreibst Wörter, in denen der lange Vokal mit einem **h** gedehnt wird, z. B. Mühe, sehen, fühlen, zäh. Dehnungen kommen im Deutschen häufig vor. Allerdings gibt es Ausnahmen, die du dir merken musst. Hier sind einige:

austoben, Bär, da, Dame, einmal, holen, hören, ja, Name, nun, säen, so, Tal, Ton, Tor, Türe, wo, zu

Markiere bei jedem Wort den lang gesprochenen Vokal und die ihm folgenden zwei Buchstaben. Schreibe danach jedes Wort an den richtigen Platz. Jedes notierte Wort und auch den Buchstaben in Klammern dahinter streichst du in der Liste durch. Achtung, einige Wörter bleiben übrig, sie passen nirgends hin!

Zahlen (U), Bahnen (T), ohne (M), Sohle (E), nachahmen (O), aufbahren (T), Rohr (M), nahe (T), Stroh (R), entbehren (E), ablehnen (I), fehlen (N), krähen (O), berühren (M), glühen (M), fühlen (A), umkehren (L), Wahlen (T), Zahnrad (R), johlen (O), dehnen (T), abkühlen (T), abführen (O), Reh (M), aussehen (E), Abnahme (I), Bohnen (R), empfehlen (A), blühen (L), erahnen (U), Kuh (W), Ruhe (E), Jahre (T), froh (I), kahl (O), früh (B), Entstehung (E), Sohn (B), ziehen (R), Sehne (A), ihnen (F), Ohrwurm (H), Fehler (G), bohren (E), ihre (L), Anführerin (N), Schuh (I), Lehrerin (K), nähen (N), zahm (O), zäh (S), fahren (R), spähen (E), mähen (R), Blumenkohl (R), Zehe (L), Stühle (E)

ahl	**ahm**	**ahn**	**ahr**
______	______	______	______
______	______	______	______
______	______	______	______
ohl	**ohn**	**ohr**	**ehr**
______	______	______	______
______	______	______	______
______	______	______	______
ehl	**ehn**	**ühl**	**ühr**
______	______	______	______
______	______	______	______
______	______	______	______

In vielen Orten wird jedes Jahr zwischen Schmutzigem Donnerstag und Aschermittwoch Fastnacht oder Fasching gefeiert. Danach beginnt die Fastenzeit. In Bad Aussee verkleiden sich viele Männer als ____________________, die Frauen dagegen als ______________, das sind mit Silberflitter geschmückte Kostüme.
Die beiden Lösungswörter erhältst du, wenn du die Buchstaben der übrig gebliebenen Wörter von links nach rechts und von oben nach unten liest.

Kein Fehler passiert? Du darfst nun die Nummer 5 freirubbeln.

Karneval in Rio

Auf dieser Seite arbeitest du mit Wörtern, die als Dehnung einen Doppelvokal haben. Erhalten die Wörter im Plural (Mehrzahl) oder im Diminutiv (Verkleinerungsform) einen Umlaut (ä, ö, ü), wird dieser nicht verdoppelt.

Schreibe die Wörter in der gewünschten Form auf.
Kreise die Zahlen der richtigen Lösungen ein.

			ein Umlaut	zwei Vokale
1	das Moos	Plural	13	21
2	das Meer	Plural	1	26
3	die Beere	Diminutiv	8	31
4	der Staat	Plural	7	24
5	der Saal	Plural	20	2
6	das Moor	Plural	12	28
7	das Boot	Diminutiv	5	22
8	der Aal	Plural	25	15
9	das Paar	Diminutiv	19	9

			ein Umlaut	zwei Vokale
10	die Waage	Plural	35	34
11	die Seele	Diminutiv	3	30
12	das Haar	Plural	11	36
13	der See	Plural	10	27
14	das Paar	Plural	14	33
15	das Haar	Diminutiv	29	4
16	die Beere	Plural	16	23
17	die Fee	Plural	18	2
18	der Speer	Plural	32	6

Der Karneval in Rio wird von den Samba-Schulen organisiert. Jede wählt jährlich ein Thema und stimmt ihren Festwagen und die farbenprächtigen Kostüme darauf ab. Die meisten Tänzerinnen und Tänzer haben das ganze Jahr über hart gearbeitet, um sich ihr Kostüm leisten zu können, das sie dann während der ausgelassenen Tage tragen. Male für jede Lösung das passende Feld aus.

Du darfst die Nummer 6 freirubbeln.

Chalanda Marz

Ein lang gesprochenes **i** wird im Deutschen oft **ie** geschrieben. Aber es gibt Ausnahmen, die du dir merken musst: Biber, Igel, er gibt, mir, Prise.
Verben, die schon in der Grundform ein **h** aufweisen, erhalten in einigen Personalformen ein **ieh**.

Sprich jedes Wort deutlich aus und entscheide dann, ob es mit i, ie oder ieh geschrieben wird. Kreise jeweils den Buchstaben der richtigen Lösung ein.

1

v___le	i	R	ie	N
der D___chter	i	E	ie	R
der S___benschläfer	i	O	ie	L
fris___ren	i	F	ie	L
abfl___gen	i	E	ie	A
die M___stgabel	i	N	ie	M
die Kus___ne	i	K	ie	I
n___mals	i	E	ie	N
die L___besbriefe	i	S	ie	E
l___nkerhand	i	H	ie	A
verr___geln	i	E	ie	C
die Kl___nik	i	S	ie	T
abw___nken	i	T	ie	R
versch___den	i	U	ie	I
hinterl___stig	i	E	ie	U
r___sig	i	B	ie	P

2

sehen: du s___st	i	N	ie	M	ieh	E
er s___ngt	i	T	ie	D	ieh	B
geschehen: es gesch___t	i	G	ie	A	ieh	U
du bist eingest___gen	i	E	ie	Ä	ieh	O
wir vertr___ben	i	F	ie	L	ieh	K
sie w___nkten ab	i	E	ie	N	ieh	G
stehlen: er st___lt	i	S	ie	Ü	ieh	G
empfehlen: du empf___lst	i	P	ie	F	ieh	N
sie versch___bt	i	O	ie	E	ieh	K
befehlen: er bef___lt	i	C	ie	H	ieh	K
wir br___ngen	i	C	ie	S	ieh	M
sehen: er s___t	i	A	ie	S	ieh	O
leihen: es war gel___en	i	F	ie	E	ieh	L
das f___l auf	i	P	ie	G	ieh	F

An Chalanda Marz, am 1. März, wenn in den Bergen der Schweiz noch gewaltige Massen von Schnee liegen, rücken Mädchen und Jungen im Engadin bereits dem Winter auf den eiskalten Pelz mit Singen und ...

																D	N	U														

Notiere die Buchstaben der richtigen Lösungen. Lies vorwärts oder rückwärts.

Rubble die Nummer 7 frei.

Kirschblütenfest in Japan

Nur wenige Wörter werden mit **ai** geschrieben. Du lernst ihre Bedeutung kennen. Dadurch kannst du dir die Wörter bestimmt gut merken und verwechselst sie nicht mit ähnlich lautenden Wörtern, die man mit ei schreibt.

Mai: Monat
Mais: Getreideart
Saite: Tonerzeuger bei Saiteninstrumenten wie Geige, Gitarre
Laich: Eier von Amphibien, zum Beispiel Fröschen, Molchen
Kaiser: vom Papst gekrönter König
Waise: elternloses Kind
Rain: Ackergrenze
Laib: ganzes Brot oder ganzer Käse
Laie: Nichtfachmann, Amateur
E-Mail: elektronische Post
Hai: Knorpelfisch

Entscheide dich bei den folgenden Sätzen, welche Wörter mit **ai** und welche mit **ei** geschrieben werden. Kreise bei den Wörtern mit ai den Buchstaben in der Klammer ein.

1. Auf b___den (T) S___ten (F) des Kellers lagern mächtige Käsel___be (S) zum R___fen (M).
2. In Sekundenbruchteilen kann man E-M___ls (S) m___lenweit (A) verschicken.
3. Eine Kohlm___se (O) flattert auf den Apfelbaum beim M___sfeld (I).
4. Das k___serliche (E) Schloss liegt auf der anderen S___te (S) des Rh___ns (E).
5. Die Gitarrens___ten (W) findest du auf der anderen S___te (B) des Regals.
6. In China gelten H___flossen (D) als Delikatesse.
7. Im M___ (N) findet man entlang der Ackerr___ne (U) Mohnblumen von r___nstem (R) Rot.
8. In den W___hern (T) l___chen (A) schon im Februar die ersten Froschlurche.
9. Er versteckt einen L___b (S) Brot unter seinem Pullover.
10. Die Theateraufführung der L___engruppe (O) erhielt tosenden B___fall (Z).
11. Die Klasse veranstaltet einen Basar und unterstützt auf diese W___se (L) ein W___senhaus (R) in Indien.

Von Mitte bis Ende März blühen in Japan die Kirschbäume. Dabei werden weite Teile der Landschaft in ein Meer von...

getaucht, denn die Hälfte aller Laubbäume sind in Japan Kirschbäume. Die Menschen setzen sich unter die Bäume und feiern das Kirschblütenfest mit Essen und Trinken. Schreibe die Buchstaben der Wörter mit ai der Reihe nach in die Kästchen. Lies vorwärts oder rückwärts.

Du darfst die Nummer 8 freirubbeln.

Ostern

Um beim Schreiben Zeilen besser zu füllen, kannst du Wörter trennen. Lies zuerst die Trennregel. Decke dann die beiden rechten Spalten mit den Lösungsvorschlägen zu und trenne die Wörter überall, wo es möglich ist. Kontrolliere deine Lösung, kreise die passende Zahl ein und male im Bild das entsprechende Feld aus.

1 Zusammengesetzte Wörter und Wörter mit Vorsilben (Präfixen) trennt man in ihre Teile:

Kirschbaum	Kirsch-baum		
Holzhaus		Hol-zhaus 1	Holz-haus 12
Besuch		Be-such 9	Bes-uch 4
Getränk		Ge-tränk 14	Get-ränk 16
Durchblick		Dur-chblick 6	Durch-blick 2
Verdacht		Verd-acht 11	Ver-dacht 8
steinalt		stein-alt 3	stei-nalt 10
Waldrand		Wal-drand 15	Wald-rand 13

2 Mehrsilbige Wörter trennt man in Silben. Einzelne Buchstaben werden nie abgetrennt.

ausgezeichnet	aus-ge-zeich-net		
Schokolade		Schoko-la-de 17	Scho-ko-la-de 22
Heimatkunde		Hei-matk-un-de 29	Hei-mat-kun-de 18
Lebertran		Le-ber-tran 23	Leb-er-tr-an 28
Abenteuer		A-ben-teu-er 26	Aben-teu-er 24
Räuberbande		Räu-ber-ban-de 32	Räu-ber-band-e 20
Ofentüre		O-fen-tü-re 27	Ofen-tü-re 25
haargenau		haar-ge-nau 21	haar-gen-au 30

3 ck, ch, sch gelten als ein Laut und werden nicht getrennt.

Zuckerbäcker	Zu-cker-bä-cker		
Deckenleuchte		Deck-en-leucht-e 33	De-cken-leuch-te 41
Wagenwäsche		Wa-gen-wä-sche 38	Wa-gen-wäs-che 46
Dackelhaare		Dac-kel-ha-are 44	Da-ckel-haa-re 34
Bücherrücken		Bü-cher-rü-cken 36	Bü-cher-rüc-ken 48
Büchsenöffner		Büch-sen-öff-ner 40	Büc-hsen-öff-ner 43
Nachtwächter		Na-cht-wächt-er 42	Nacht-wäch-ter 37
Wintersocken		Win-ter-so-cken 35	Win-ter-soc-ken 47

Viele Familien färben an Ostern Eier, verstecken sie und lassen sie suchen. Das Ei ist ein Symbol für die Fruchtbarkeit, wenn im Frühling die Natur erwacht. Der ursprünglich heidnische Brauch passt aber auch zur Auferstehung Christi an Ostern. Wie viele Eier findest du im Bild?

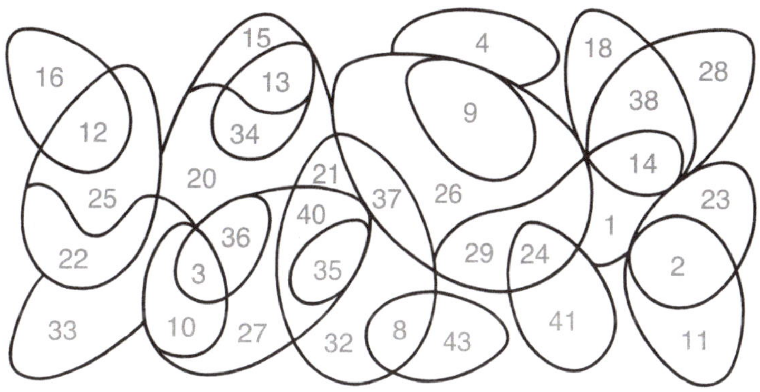

Nur ganze Eier gefunden? Du darfst die Nummer 9 freirubbeln.

Sechseläuten

Es gibt verschiedene Arten von Sätzen, diese erhalten unterschiedliche Satzschlusszeichen:
Nach erzählenden Sätzen setzt du einen Punkt **.**
Nach fragenden Sätzen setzt du ein Fragezeichen **?**
Nach auffordernden, wünschenden oder gerufenen Sätzen setzt du ein Ausrufezeichen **!**

Leo schaut mit seiner kleinen Schwester dem Sechseläuten-Umzug zu. Es findet ein Gespräch statt. Lies die Sätze und entscheide, um welche Satzart es sich jeweils handelt. Notiere das Satzschlusszeichen und male das entsprechende Feld aus.

		.	?	!
1	Mitten auf der Wiese steht ein mächtiger Holzstapel___	le	elek	tro
2	Wann hat man ihn denn aufgebaut ___	ni	der	ker
3	Das geschah heute Vormittag___	ger	mau	rer
4	Schau, ganz oben steht ein riesiger Schneemann___	mei	ster	ber
5	Alle Umzugsteilnehmer tragen historische Kostüme ___	hut	de	tail
6	Viele tragen die Berufskleidung von Handwerkern___	ma	han	dels
7	Gib mir den Feldstecher___	an	ge	cher
8	Lass ihn bitte nicht fallen___	stell	te	woll
9	Sind die hell gekleideten Männer die Bäcker___	ser	we	vier
10	Ja, sie verteilen den Zuschauern frische Brötchen___	ber	per	so
11	Wann wird der Holzstapel angezündet___	nal	zim	wa
12	Genau um sechs Uhr abends___	mer	gen	füh
13	Autsch, du stehst auf meinem Schuh___	rer	ver	leu
14	Siehst du den Rauch aufsteigen___	kehrs	te	po
15	Hei, wie das dürre Holz sofort lichterloh brennt___	li	zist	schnei
16	Als erste Zunft reiten die Schmiede um das Feuer___	der	land	wirt
17	Pass auf, jetzt knallts bald___	kran	ken	meis
18	Man sagt, je schneller der Böögg* explodiert, desto schöner wird der Sommer___	ter	pfle	ger

* eine Schneemannpuppe

Am dritten Montag im April findet in Zürich in der Schweiz der Sechseläuten-Umzug statt. Der Böögg* wird auf einem Holzstoß verbrannt. Dadurch soll der Winter vertrieben werden.
Am Umzug nehmen alte Handwerkerzünfte teil. Reihe die Silben der richtigen Lösungen aneinander, so erfährst du die Namen von 5 Zünften.

Du darfst die Nummer 10 freirubbeln.

Maibaum

Bei Aufzählungen von einzelnen Wörtern oder Wortgruppen musst du Kommas setzen. Vor **und/oder** wird kein Komma gesetzt.

An den ersten Strahlen der Frühlingssonne finden Vögel, Bäume, Sträucher und Menschen Gefallen.
Vögel bauen ihre Nester auf Bäumen, in Sträuchern, geschützt unter Hausdächern oder in anderen Verstecken.

Lies die Sätze und setze die Kommas. Markiere alle blauen Buchstaben, bei denen du ein Komma gesetzt hast.

1. In Finsing [G] Eitting [N] Höslwang [U] Erding [N] Pastetten [R] und überall [A] in Bayern werden jedes Jahr Maibäume aufgestellt.
2. Man errichtet sie auf dem [L] Dorfplatz [D] in Vorgärten [R] vor Schulen [O] sogar vor Hotels [M] und Wirtshäusern.
3. Doch wie unterschiedlich schauen sie aus: bemalt [N] mit Zunftzeichen verziert [I] ungeschält im Rindenmantel [H] mit Kränzen geschmückt [C] mit Fahnen verziert [O] naturbelassen [D] oder mit Wimpeln [K] bestückt.
4. Viele Hände sind nötig, bis ein Maibaum [S] gefällt [N] entrindet [F] getrocknet [R] geschmückt [H] und endlich aufgerichtet ist.
5. Ein Ächzen [O] ein Stemmen [D] ein Knirschen [A] und tüchtige Anfeuerungsrufe – und dann steht der Baum am 1. Tag des Maimonats.
6. Natürlich wird nachher ausgiebig gefeiert mit Bier [S] Wurst [A] Käse [D] Brot [K] und Musik [S] oder Tanz.

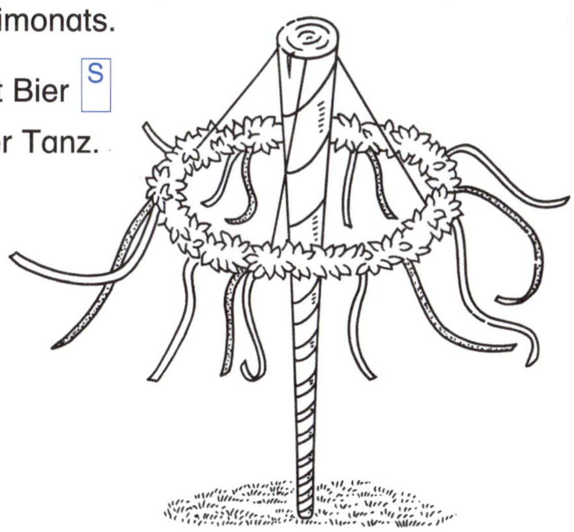

Der Maibaum ist ein Zeichen für den Zusammenhalt eines Dorfes und soll allen Bewohnern Glück bringen. In manchen Orten ist es Brauch, dass die jungen Leute in einem anderen Dorf den Maibaum stehlen und erst gegen ein Lösegeld in Form von Getränken und Esswaren wieder herausgeben.
Ein Bürgermeister in Bayern soll einmal gesagt haben: „Wo ein Maibaum steht, ist ...

_ _ _ _ _ _ _   _ _   _ _ _ _   _ _ _ _   _ _ _ “.

Setze die Buchstaben, bei denen du ein Komma gesetzt hast, der Reihe nach in die Kästchen. Lies vorwärts oder rückwärts.

Du darfst die Nummer 11 freirubbeln.

Alpaufzug

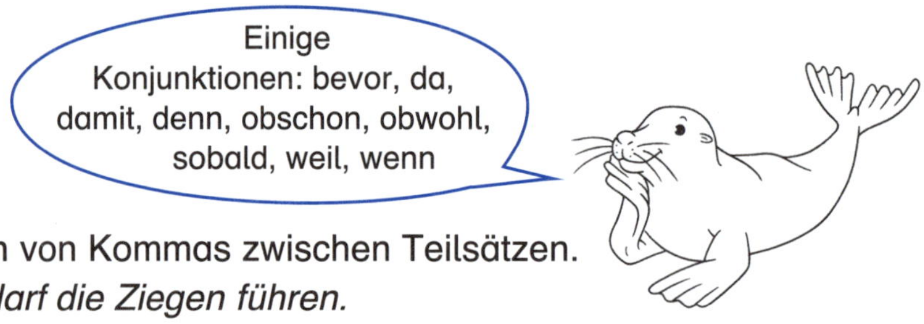

Auf dieser Seite übst du das Setzen von Kommas zwischen Teilsätzen.
Der kleine Bauernbub strahlt. / Er darf die Ziegen führen.
Solche Sätze kannst du mit Hilfe von Konjunktionen (Bindewörtern) miteinander verbinden:
Der kleine Bauernbub strahlt, weil er die Ziegen führen darf.
Die Konjunktion kann auch vor den verbundenen Teilsätzen stehen:
Weil er die Ziegen führen darf, strahlt der kleine Bauernbub.
Das Komma steht zwischen den beiden Teilsätzen. Bei den Konjunktionen **und/oder** setzt man kein Komma.

Suche die 14 Konjunktionen in den Sätzen und markiere sie. Lies danach laut und setze überall die Kommas zwischen den Teilsätzen, wo es nötig ist. Markiere alle blauen Buchstaben, bei denen du ein Komma setzt.

1. Im Sommer [L] treiben die Bauern die Kühe auf die Alp [P] weil das Gras [G] im Tal zu Heu für den Winter verarbeitet wird.
2. Die Bauern ziehen früh [U] am Morgen los [F] bevor die Sonne [N] aufgegangen ist.
3. Die Kühe muhen [A] und zögern [E] da sie aufgeregt sind.
4. Der wachsame Hirtenhund [A] bellt ununterbrochen [I] denn er muss [G] die Herde zusammenhalten.
5. Auch der Handbub klopft mit seinem Stecken [L] auf den Boden [R] und ruft den Kühen zu.
6. Wenn sie aber [E] nicht gehorchen [F] stupst er sie [K] am Hinterleib.
7. Weil sie die Leitkuh ist [E] trägt eine stolze Kuh [L] die prächtigste Schelle um den Hals.
8. Da der Alpaufzug [R] ein wichtiger Anlass ist [N] tragen die Sennen [H] ihre Festtracht.
9. Alle haben messingbeschlagene Hosenträger [S] damit die Hosen [O] aus Ziegenleder [F] auch schön sitzen.
10. Obwohl die Zuschauer [L] am Wegrand Getränke anbieten [T] halten die Sennen [K] nicht lange an.
11. Sie müssen rasch [D] weiter [I] denn die Kühe ziehen [T] unbeirrt den Bergen entgegen.
12. Die traditionellen Milchbehälter [U] aus Holz [F] werden von den Sennen getragen [T] oder sie liegen auf dem mitgeführten Wagen.
13. Die Behälter werden jedes Jahr mitgenommen [E] obschon die Milch heutzutage [R] in Chromstahl-Behältern [I] abgeliefert werden muss.
14. Sobald die Kühe die [T] Alpweiden erreichen [R] fressen sie [N] das saftige Gras.

Im Kanton Appenzell in der Schweiz tragen die Sennen beim Alpaufzug einen dunklen Messingdraht am Tabaksbeutel. Wie sie diesen Draht nennen, erfährst du, wenn du die markierten Buchstaben der Reihe nach in die Kästchen schreibst.
Lies vorwärts oder rückwärts.

Auf jeden Fall hast du es verdient, die Nummer 12 freizurubbeln.

Kufenstechen

Du setzt die Satzzeichen der direkten (wörtlichen) Rede, wenn der Begleitsatz davor steht. Der Begleitsatz erklärt, wer spricht, fragt oder ruft. Zwischen Begleitsatz und Rede setzt man einen Doppelpunkt. Die Rede selbst steht zwischen Anführungs- und Schlusszeichen und beginnt mit GROSSEM Anfangsbuchstaben.

Sie sagt: „Ich freue mich auf das Kufenstechen." ——: „~~~~."

Er fragt: „Kommst du auch mit?" ——: „~~~~?"

Sie bittet: „Warte auf mich!" ——: „~~~~!"

Es ist 14 Uhr am Pfingstmontag. Gleich beginnt das Kufenstechen. Die jungen Burschen schwingen sich auf ihre ungesattelten Pferde. In einer Hand halten sie einen zwei bis vier Kilogramm schweren Eisenschlögel (ein keulenartiges Schlagwerkzeug), in der anderen die Zügel.

Setze zwischen Begleitsatz und Rede einen Doppelpunkt. Schreibe den ersten Buchstaben der Rede GROSS und setze alle nötigen Satzzeichen:

1. Martin ruft [U|K] los gehts [L|L]
2. Einer der jüngeren Burschen sagt [F|L] ich bin das erste Mal dabei [Z|Z]
3. Frank schreit wie wild [E|E] geht mir aus dem Weg [E|F]
4. Ein untersetzter Bauernjunge fragt [N|I] wer ist an der Reihe [R|Ä]
5. Sein Nachbar meint [S|N] du musst noch eine Weile warten [N|S]
6. Die hübsche Marianne ruft begeistert [I|E] zeig es ihnen, Sepp [E|S]
7. Eine Zuschauerin erkundigt sich [N|H] wer gewinnt eigentlich [S|E]
8. Der ältere Herr neben ihr erklärt [D|Ö] derjenige, der die Kufen zersplittern kann [A|R]

Setze der Reihe nach die Buchstaben über den Satzzeichen in die passenden Felder.
So erfährst du, worauf die Burschen in Freistritz im österreichischen Gailtal einschlagen.

	:	:	:	:	:	:	:	:	„	„	„	„	„	„
K														

„	„	!	.	!	?	.	!	?	.	"	"	"	"	"	"	"	"

Geschafft? Du kannst die Nummer 13 freirubbeln.

Gurtenfestival

Der Begleitsatz kann auch nach der Rede stehen. Dann setzt du nach dem Begleitsatz einen Punkt. Die Rede steht wie immer zwischen Anführungs- und Schlusszeichen. Nach dem Schlusszeichen folgt ein Komma, der Begleitsatz beginnt klein.

„Ich freue mich auf das Festival“, meint sie. „~~~“, ——.

„Kommst du mit mir mit?“, fragt er. „~~~?“, ——.

„Warte bitte auf mich!“, ruft sie. „~~~!“, ——.

Drei Tage dauert das Open-Air-Festival auf dem Berg Gurten in der Schweiz. Viele Menschen übernachten in Schlafsäcken auf der Festwiese. Der folgende Wortwechsel findet um zwei Uhr nachts statt. Lies laut und setze die Satzzeichen. Pro Rechteck ist eines nötig.

1 [T] Gefällt es dir auf dem Gurten [N][A][R] will Cindy wissen [E]

2 [E] Die letzte Band war genial [N][E] findet Flavio [N]

3 [R] Bist du auch kein bisschen müde [A][D][I] fragt Chris leise [B]

4 [N] Ich kann überhaupt nicht einschlafen [S][G] sagt Louise [Ü]

5 [A] Autsch, jemand hat mich gekickt [L][A][R] jammert Marc [H]

6 [T] Ich friere ein bisschen [U][O] erklärt Michi der Gruppe [N]

7 [I] Sollen wir dich ein wenig wärmen [E][F][S] fragen Sandy und Liz kichernd [E]

8 [O] Ihr bleibt in euren Schlafsäcken [B][D][S] befiehlt Leo [N]

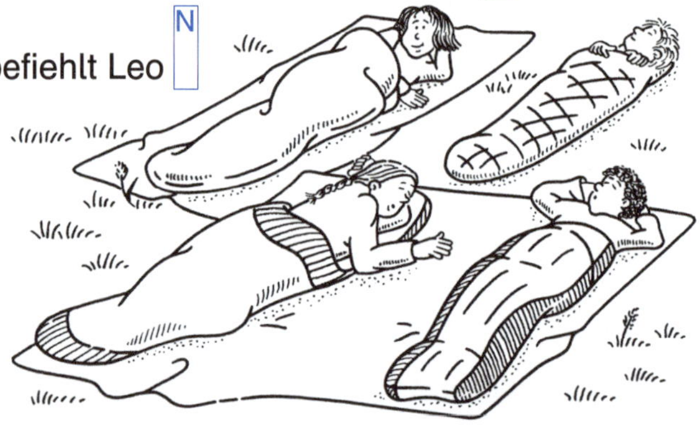

Um deine Lösungen zu kontrollieren, setzt du die Buchstaben über den Satzzeichen der Reihe nach in die passenden Felder. So erfährst du eines der Erfolgsgeheimnisse des Festivals.

		„	„	„	„	„	„	„	„	?	?	!	?	!	“	“	“	“
I	N																	

“	“	“	“	,	,	,	,	,	,	,	,	.	.	.	.	.	.	.	.

Du darfst die Nummer 14 freirubbeln.

Lernkontrolle

Bist du nun sattelfest? Lies die Behauptungen genau und entscheide, ob sie wahr sind oder nicht. Falls du Nein sagen musst, verbesserst du die Fehler. Kreise die Buchstaben der richtigen Lösungen ein und schreibe sie in die Kästchen rechts.

	Behauptung	ja	nein	
1	Diese Wörter sind richtig geschrieben: heute, die Leute, streuen, die Keule, die Kreuze, neulich	BI	IC	
2	Diese Wörter sind richtig geschrieben: dick, der Speck, lecker, das Päckchen, heickel, die Fabrik	LH	RN	
3	Das ist fehlerfrei: das Konzert, der Klotz, die Kapuze, die Kerze, die Katze, kitzeln	ED	SA	
4	Diese Wörter haben alle den gleichen Wortstamm: die Gefahr, die Fahrbahn, die Erfahrung, die Farbe, fahrlässig, abfahren, die Umfahrung	SU	VE	
5	Diese Personalformen sind richtig geschrieben: ich trete, wir traten, du trittst, sie treten, er tritt, ihr habt getreten	NT	UF	
6	Weil die Grundform dieser Verben schon ein h enthält, muss man ieh schreiben: du siehst, es geschieht, er stiehlt, wir spiehlen, sie empfiehlt, wir ziehen	ED	RJ	
7	Jawohl, diese Wörter schreibt man mit ai: kaiserlich, das Waisenkind, das Saiteninstrument, laienhaft, der Maiskolben, laibhaftig	HE	EU	
8	So trennt man diese Wörter richtig: hell-rot, ge-färbt, Über-zug, Bunt-stift, ge-schmückt	IN	CM	
9	Diese Wörter sind richtig getrennt: Tü-re, Rah-men, Ess-tisch, O-fen, Kis-ten, Bü-ro, Lehn-stuhl	SH	EG	
10	Diese Satzschlusszeichen stimmen: Hurra, ich habe Geburtstag! Bist du auch eingeladen? Die Party findet am Samstag statt.	FU	TO	
11	Die Kommas in dieser Aufzählung sind richtig gesetzt: Für die Party brauchen wir noch Tischbomben, Salznüsse, Getränke, Kerzen und Kerzenhalter, Servietten, Girlanden, oder Lampions.	SL	EN	
12	In diesem Text sind genau drei Kommas nötig: Sobald ich das Zeichen gebe dürft ihr losrennen. Ihr scheidet aus wenn das Ei zu Boden fällt. Am Ziel nehmt ihr den Löffel aus dem Mund und lauft zum Start zurück.	IZ	TD	
13	Die Satzzeichen sind alle richtig gesetzt: Ron fragt: „Darf ich die Hände zu Hilfe nehmen?“ Sabine erklärt: „Nein, das ist verboten“. Susi rät: „Lauft nicht zu schnell!“	BW	SA	
14	Hier fehlt kein einziges Satzzeichen: „Kommst du in meine Gruppe?“, fragt Cindy. „Ich renne als Zweite“, meint Sabrina. „Seid vorsichtig!“ ruft Manuela.	AE	EL	
15	Das stimmt so: Bötchen, Härchen, Röschen, Pärchen, Brötchen	FT	DG	

Lies die ersten Buchstaben von unten nach oben, die zweiten von oben nach unten.

Alles gewusst? Klar, du darfst die Nummer 15 aufrubbeln.

Das Fest der Wollknäuel

Im Wörterbuch findest du Verben meist nur unter der Grundform (Infinitiv). Auf dieser Seite unterscheidest du zwischen Personalform und Grundform eines Verbs.
Was gehört zusammen? Verbinde die beiden Personalformen und die Grundform des gleichen Verbs miteinander und schreibe den passenden Buchstaben in das Kästchen:

1	☐ du rätst ·	· ich lud ·	· halten	C
2	☐ sie riefen ·	· du hältst ·	· raten	F
3	☐ er lädt ·	· ihr landetet ·	· leihen	N
4	☐ sie hielten ·	· wir rieten ·	· rufen	A
5	☐ wir landen ·	· er leiht ·	· laden	H
6	☐ ich leihe ·	· ich habe gerufen ·	· landen	S
7	☐ sie sticht ·	· er hat gesehen ·	· schlagen	S
8	☐ wir schlugen ·	· wir haben gehoben ·	· stechen	E
9	☐ ihr saht ·	· sie hat getroffen ·	· heben	N
10	☐ du hobst ·	· wir stachen ·	· treffen	Z
11	☐ er trifft ·	· er hat geschlagen ·	· sehen	A
12	☐ ihr brachtet ·	· du brätst ·	· blasen	A
13	☐ sie bliesen ·	· ihr seid geblieben ·	· bringen	R
14	☐ ich befahl ·	· er hat gebrochen ·	· brechen	S
15	☐ sie brieten ·	· es bläst ·	· befehlen	W
16	☐ er blieb ·	· er hat gebracht ·	· bleiben	C
17	☐ du brachst ·	· er hat befohlen ·	· braten	H

Am letzten Sonntag im Juli treffen sich die Schafzüchter mit ihren Herden auf dem Gemmipass im Wallis in der Schweiz. Während die Tiere sich auf das ausgestreute Salz am Ufer des Bergsees stürzen, ziehen die Menschen Käsegerichte und Gegrilltes vor. Das Lösungswort verrät dir die Rasse des Herdentieres. Lies von oben nach unten oder von unten nach oben.

Nun kannst du schon die Nummer 16 freirubbeln.

Fronleichnam

Nun übst du schwierige Personalformen. Viele Verben weisen gegenüber ihrer Grundform in der 2. und 3. Person Singular im Präsens (Gegenwart) eine Lautveränderung auf, nicht aber in der 2. Person Plural.

backen	*er bäckt*	*du bäckst*	*ihr backt*
vergessen	*er vergisst*	*du vergisst*	*ihr vergesst*

Schreibe die verlangten Personalformen im Präsens:

1

stehlen	du	ihr
fahren	du	ihr
sehen	du	ihr
braten	du	ihr
lesen	du	ihr
tragen	du	ihr
befehlen	du	ihr
schlagen	du	ihr
treffen	du	ihr
brechen	du	ihr

2

fallen	du	ihr
laden	du	ihr
helfen	du	ihr
laufen	du	ihr
nehmen	du	ihr
halten	du	ihr
lassen	du	ihr
treten	du	ihr
graben	du	ihr
schlafen	du	ihr

In Dorf Visperterminen im Kanton Wallis in der Schweiz feiert Alt und Jung am zweiten Donnerstag nach Pfingsten Fronleichnam, ein Fest der Zusammengehörigkeit.
Überprüfe mit Hilfe der Liste unten, ob du alle Personalformen richtig geschrieben hast.
Streiche danach alle Formen, die in deinen Lösungen vorkommen.
Die Anfangsbuchstaben der überzähligen Personalformen verraten dir der Reihe nach gelesen, was an diesem Tag in Visperterminen stattfindet.

stiehlst, fährst, siehst, brätst, liest, pfeifst, trägst, befiehlst, rätst, schlägst, triffst, brichst, ordnest, fällst, lädst, ziehst, hilfst, läufst, nimmst, erlebst, hältst, lässt, trittst, gräbst, schläfst
stehlt, fahrt, seht, bratet, lest, tragt, stecht, befehlt, schlagt, trefft, scheltet, brecht, fallt, imponiert, ladet, helft, lauft, ordnet, nehmt, haltet, lasst, neckt, tretet, grabt, schlaft

Jetzt darfst du die Nummer 17 freirubbeln.

Kirchtag in Villach

Du beschäftigst dich mit dem Präteritum und dem Partizip (Mittelwort) des Perfekts. Bei vielen Verben verändern sich einzelne Laute gegenüber der Grundform:

brennen	*brannte*	*gebrannt*
leiden	*litt*	*gelitten*

Schreibe von jedem Wort das Präteritum und das Partizip auf.

1

kennen	kannte	gekannt	E
rennen			R
nennen			T
rinnen			M

2

schreiten			Z
schneiden			N
schreiben			U
reiten			O

3

ziehen			R
lügen			K
biegen			I
sehen			T

4

sitzen			W
lassen			H
vergessen			M
messen			U

5

klingen			S
schwingen			G
bringen			C
springen			E

6

reifen			U
kneifen			B
greifen			E
pfeifen			A

7

binden			R
senden			A
empfinden			L
finden			K

8

singen			R
gehen			B
fangen			S
hängen			E

9

gewinnen			L
beginnen			P
spinnen			K
springen			B

So kannst du deine Lösungen überprüfen: In jeder Gruppe reimen sich drei der Verbformen. Setze die Buchstaben der sich nicht reimenden Verben der Reihe nach in die Kästchen. So erfährst du das Lösungswort. Wenn in Österreich in Villach Kirchtag ist, strömen die Menschen aus allen Himmelsrichtungen herbei. Kärntens beliebtestes Volksfest ist ein fröhlicher Anlass mit Markttreiben, Musik, Tanz und ...

Du darfst die Nummer 18 freirubbeln.

Im Banne des Pferdes

Viele der Verben auf dieser Seite ändern im Präteritum und im Perfekt den Vokal des Wortstammes:

gewinnen   *er gewann*   *du hast gewonnen*

Schreibe die angegebenen Personalformen auf. Kreise in der Liste rechts die Buchstaben der passenden Vokale von beiden Zeitformen ein.

	Grundform	Präteritum	Perfekt	a	e	ie	o	u
1	nehmen	du	er hat	E	I	R	D	K
2	lesen	wir	er	R	E	T	O	M
3	sein	ich	er ist	F	P	R	E	I
4	kommen	du	wir sind	T	O	B	I	U
5	rufen	ich	ihr	U	P	E	T	R
6	brechen	du	er	D	H	K	N	M
7	treffen	wir	ihr	U	D	F	G	O
8	empfehlen	du	ich	U	G	R	Z	L
9	bitten	ich	du	D	N	M	E	S
10	singen	er	ihr	I	T	Z	B	S
11	sitzen	wir	ich	R	E	K	O	N
12	gelingen	es	es	G	N	S	K	R
13	binden	wir	du	E	F	F	R	B
14	sinken	es	wir	I	A	L	T	E
15	stehlen	er	wir	R	W	I	F	V

In Saignelégier im Kanton Jura in der Schweiz ehrt man die Pferde jedes Jahr mit einem dreitägigen Fest. Dabei werden die schönsten Pferde prämiert, es finden Wettrennen, Dressurvorführungen und Wagenrennen statt.
Die eingekreisten Buchstaben verraten dir von unten nach oben und von rechts nach links gelesen, zu welcher Rasse die Jura-Pferde gehören und einen Vorteil dieser Rasse.

Was entdeckst du unter dem Rubbelfeld 19?

Feuerzauber

Du unterscheidest zwischen drei Zeiten:
Präsens, Perfekt und Präteritum.

Präsens: *Heute scheint die Sonne. Einige Wolken ziehen über den Himmel.*
Perfekt: *Gestern hat es geregnet. Viele Tropfen sind gefallen.*
Präteritum: *Letzten Monat lag überall Schnee. Er bedeckte Wiesen und Felder.*

In welcher Zeit stehen die Teilsätze? Kreise die Zahl bei der entsprechenden Zeit ein und male im Bild das passende Feld aus.

		Präsens	Perfekt	Präteritum
1	Wer am Abend des 1. August in der Schweiz zum Feuerplatz eines Dorfes wandert,	1	2	3
2	findet dort zahlreiche Menschen versammelt.	4	5	6
3	Schon Tage vorher hat man Holz gesammelt und aufeinandergeschichtet	7	8	9
4	und jetzt lodern die Flammen in den Himmel.	10	11	12
5	Erst 1891 hat man den 1. August zum Bundesfeiertag erklärt.	13	14	15
6	Aber Höhenfeuer gab es schon lange vorher.	16	17	18
7	Bei Kriegsgefahr entzündete man trockenes Holz auf den Hochwachten	19	20	21
8	und versetzte damit weite Gebiete in Alarmbereitschaft.	22	23	24
9	Musste es noch schneller gehen,	25	26	27
10	setzte man auch Pechpfannen in Brand.	28	29	30
11	Heutzutage brennen nicht nur Feuer,	31	32	33
12	auch Feuerwerk aller Art zischt in die Höhe	34	35	36
13	und erhellt den nächtlichen Himmel.	37	38	39
14	Im Laufe der Zeit sind Musikdarbietungen und Reden dazugekommen.	40	41	42
15	Menschen aus vielen Nationen nehmen am Fest teil	43	44	45
16	und erfreuen sich an den Feuern und am Feuerwerk.	46	47	48

Und was entdeckst du unter dem Rubbelfeld 20?

Winzerfest in Neuenburg

Du setzt Verben ins Futur (Zukunft). Diese Zeitform wird aus zwei Wörtern gebildet: mit dem Hilfsverb werden und der Grundform des Verbs.

ich wandere → *ich werde wandern*
du trinkst → *du wirst trinken*

1 Schreibe die Verben, die in der Zukunft stehen, aus den beiden Sätzen heraus.

Auch nächstes Jahr werden die Neuenburger im September wieder ihr Winzerfest feiern. sie

Sie werden farbenprächtige Blumenwagen aufbauen, auf denen bejubelte Schönheiten thronen werden. sie

sie

2 Bilde nun die Zukunftsformen, sodass sie in die Sätze passen. Setze in jedes Kästchen einen Buchstaben. Hier sind die Grundformen der Verben, die du einsetzen musst: aufstellen, ausschenken, bereitstellen, empfangen, erinnern, schmücken

Für den Umzug ______ am Vorabend über 150 Personen etwa 300 000 Blumen ______.
Noch mehr Leute ______ die Wagen ______.
Das wohlgelaunte Publikum ______ sich früh genug entlang der Wegstrecke des Umzugs ______.
Jeder ______ sich dabei gerne an Umzüge vergangener Jahre ______.
Die Zuschauer ______ auch dieses Jahr die fantasievoll verkleideten Umzugsteilnehmer mit Beifall ______ und man ______ den neuen Wein ______.

Überprüfe deine Lösungen, indem du die Buchstaben der farbigen Kästchen der Reihe nach hier unten einträgst. Lies vorwärts oder rückwärts. Du erfährst drei Begriffe aus der Winzergegend am Neuenburgersee in der Westschweiz.

______, ______, ______

Lege das Rubbelfeld Nummer 21 frei!

Oktoberfest in München

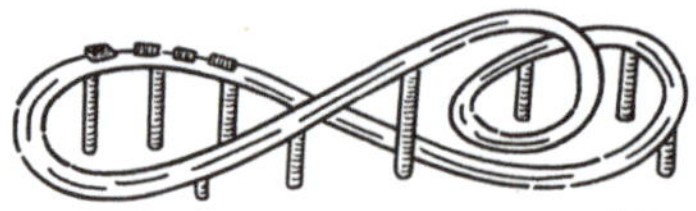

Viele Nomen und Adjektive kannst du an ihren typischen Endungen erkennen.

Endungen von Nomen: -keit, -heit, -ung, -tum, -nis, -ion
Endungen von Adjektiven: -lich, -ig, -sam, -bar, -isch, -haft, -los

Entscheide bei jedem Wort, ob es ein Nomen oder ein Adjektiv ist.
Schreibe die Wörter der Reihe nach untereinander in die richtige Liste.
Nomen schreibst du mit GROSSEM Anfangsbuchstaben!

ANLEITUNG, CHRISTENTUM, NEULICH, ERGIEBIG, NÄRRISCH, BARMHERZIGKEIT, ABSTRAKTION, ORGANISIERBAR, INTERESSELOS, ERLEBNIS, BEFANGENHEIT, STATION, TROTZIG, ABENTEUERLICH, STREBSAM, ESSBARKEIT, RITTERTUM, ZEUGNIS, NACHDENKLICH, ERLERNBAR, SPITZBÜBISCH, AGGRESSION, ENTGLEISUNG, LEHRERHAFT, LIEBLICH, EIGENSINNIG, EHRLICHKEIT, FALSCHHEIT, OBRIGKEIT, SESSHAFT, SPANNUNGSLOS, UNABHÄNGIG, RÄUBERISCH, ERLAUBNIS, VERTEILUNG, ARBEITSAM, STEIGUNG, ÄHNLICHKEIT, SCHÖNHEIT, KÖNIGLICH, FASZINATION

1 Nomen

2 Adjektive

Das Oktoberfest in München gilt als größtes Volksfest Deutschlands. Eigentlich trägt es einen falschen Namen, denn es findet im September statt. Vier Gründe, weshalb das Oktoberfest nicht nur für Erwachsene, sondern auch für Kinder attraktiv ist, erfährst du, wenn du die ersten Buchstaben der Adjektive und die zweiten Buchstaben der Nomen von unten nach oben liest.

Stimmts? Dann rubble die Nummer 22 frei.

Eid el Fitr

Auf dieser Seite übst du Fallformen von Nomen: Nominativ (Werfall), Genitiv (Wesfall), Dativ (Wemfall) und Akkusativ (Wenfall). Löse zuerst das Rätsel. Die vier Fragen drehen sich alle um das gleiche Tier. Notiere die Antwort zusammen mit dem passenden Artikel (Begleiter): dem, den, der, des.

Wer klappert mit seinem langen Schnabel auf dem Schornstein? ____________________
Wessen Nest steht auf dem Hochspannungsmast? ____________________
Wem wird nachgesagt, er bringe die Kinder? ____________________
Wen erkennt man an den roten Beinen? ____________________

Mit welchem Fragewort kannst du nach dem blau gedruckten Tier im Satz fragen? Kreise den Buchstaben der richtigen Lösung ein.

		WER	WESSEN?	WEM?	WEN?
1	**Der Bär** wandert von Süden her wieder in den Alpenraum ein.	L	T	O	N
2	Der Wärter bringt **dem Seehund** einen Eimer voll Fische.	L	A	E	B
3	Zählt man **den Pinguin** wirklich zu den Vögeln?	E	C	R	H
4	Das Fell **des Tigers** ist schwarz und hellbraun gestreift.	K	C	L	I
5	**Einem Wolf** möchte ich nicht im Wald begegnen.	U	F	I	R
6	Als das größte Säugetier der Erde gilt **der Grauwal.**	S	M	O	T
7	Ich würde gerne **einen Hund** besitzen.	I	N	L	D
8	Die Heimat **des Lamas** ist Südamerika.	R	N	F	E
9	An den spitzen Zähnen erkennst du **den Hai** sofort.	S	I	L	O
10	Gib **dem Pferd** lieber keinen Zucker!	H	U	M	O

Von Leermond zu Leermond, also 28 Tage, dauert der Ramadan, die Fastenzeit im Islam. Welch ein Fest, wenn diese Zeit vorüber ist! Drei Tage dauert es. Was aber muss unbedingt an Eid el Fitr sichtbar sein? Das erfährst du, wenn du die Buchstaben der richtigen Lösungen der Reihe nach einträgst. Lies vorwärts oder rückwärts.

Du darfst die Nummer 23 freirubbeln.

Halloween

Pronomen ersetzen oder begleiten Nomen. Welches Pronomen passt in die Lücke? Kreise den passenden Buchstaben ein

1	Wusstest _____ , dass Halloween ein keltischer Brauch ist?	er E	du N	ich D
2	__________ geht zurück auf das Fest des keltischen Totengottes Saman oder Samhain.	Er R	Sie N	Welches A
3	Am letzten Tag des Oktobers soll _____ böse Geister herbeigerufen haben.	sie A	es L	er E
4	Die Druiden, _____ sind keltische Priester, vertrieben die Geister mit riesigen Feuern.	der L	die G	das T
5	Die Kürbisse, _____ man an diesem Fest aushöhlt, gehen auf die Geschichte von Jack o' Lantern zurück.	der N	die S	das E
6	__________ war ein schlimmer Trunkenbold.	Dieser I	Diese R	Dieses S
7	Als __________ der Teufel am 31. Oktober holen wollte,	deren I	ihm H	ihn E
8	schlug er _____ vor, er solle ihm einen letzten Drink spendieren.	ihn E	sich N	ihm G
9	Der Teufel hatte aber keine Münze bei sich und verwandelte sich deshalb selbst in ____________ .	ein I	eine N	eines L
10	Jack stopfte _____ blitzschnell in seine Geldbörse,	er I	sie E	es G
11	in _____ sich auch ein kleines Kreuz befand.	der B	die S	das R
12	Ein andermal verbannte Jack den Teufel auf einen Apfelbaum, bis der Teufel _____ versprach, ihn für immer in Ruhe zu lassen.	ihn E	ihm Ü	sich A
13	Da __________ sein Versprechen hielt, fand Jack nach seinem Tod weder im Himmel noch in der Hölle Einlass, denn für den Himmel reichte seine Lebensführung bei weitem nicht. So geistert er noch heute herum. Dafür hat ihm der Teufel einen ausgehöhlten Kürbis als Laterne geschenkt.	jener R	jenes M	jene N

Halloween wird vor allem in Irland, auf den britischen Inseln und in Amerika gefeiert. Aber auch in Europa gibt es verwandte Bräuche. Einen erfährst du über die eingekreisten Lösungsbuchstaben. Lies von oben nach unten oder von unten nach oben.

Rubble die Nummer 24 frei.

Diwali

In den beiden Tabellen steht von oben nach unten je ein Satz geschrieben. Bestimme die Wortarten der einzelnen Wörter. Wenn du unsicher bist, kannst du zuerst die Angaben auf der hinteren Umschlagseite lesen. Kreise die Zahl der zutreffenden Wortart ein.

1

	Nomen	Verb	Adjektiv	Pronomen/ Artikel	andere Wortart
DIE	1	2	3	4	5
MENSCHEN	6	7	8	9	10
BEGINNEN	11	12	13	14	15
DEN	16	17	18	19	20
TAG	21	22	23	24	25
FRÜH	26	27	28	29	30
UND	31	32	33	34	35
NEHMEN	36	37	38	39	40
EIN	41	42	43	44	45
BAD	46	47	48	49	50
MIT	51	52	53	54	55
DUFTENDEM	56	57	58	59	60
ÖL	61	62	63	64	65

2

	Nomen	Verb	Adjektiv	Pronomen/ Artikel	andere Wortart
MAN	66	67	68	69	70
TRÄGT	71	72	73	74	75
NEUE	76	77	78	79	80
KLEIDER	81	82	83	84	85
UND	86	87	88	89	90
VERTEILT	91	92	93	94	95
SÜSSIGKEITEN	96	97	98	99	100

Diwali ist ein bedeutendes hinduistisches Fest, das mehrere Tage lang dauert. Man feiert die Totengöttin Kali, die Rückkehr des Gottes Rama mit seiner Frau Sita und die Glücksgöttin Lakshmi Puja. Male die Felder mit den Zahlen der richtigen Lösungen aus.

Nun darfst du die Nummer 25 freirubbeln.

Mit dem Säbel zum Sonntagsbraten

Lies genau und versuche, die gesuchten Begriffe zu erraten. Falls du nicht weiterkommst, findest du die Lösungswörter auf den angegebenen Seiten dieses Heftes.

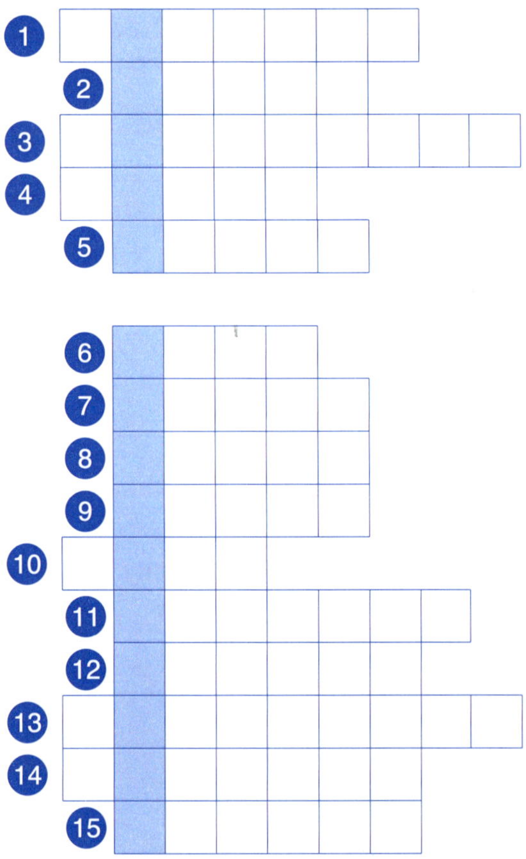

1 Ein anderes Wort für rauben, entwenden, unerlaubt an sich nehmen (S. 21)
2 Ein Wort mit äu ohne Verwandten mit au: hoch, aus Stein oder Marmor, stützend (S. 5)
3 Um Personalformen eines Verbs nachzuschlagen, muss du seine ... kennen (S. 21)
4 Eine Vereinigung von Handwerkern aus dem Mittelalter (S.14)
5 Ein Kind, dessen Eltern gestorben sind (S. 12)
6 Befehlsform von nehmen (S. 12)
7 Elektronische Post versendet man als ... (S. 12)
8 Zu Präsens, Präteritum und Perfekt gehört noch .... (S. 25)
9 Langes i, aber kein ie: ein bisschen Salz, ein Häufchen Schnupftabak (S. 11)
10 Langes ü, aber kein üh: Eingang, kleines Tor (S. 9)
11 Ein feines, kurzes Haar (S. 10)
12 Gebilde von aufgewickeltem, langem Wollfaden: äu ohne Verwandten mit au (S. 5)
13 Eine volle Nase in ein Taschentuch entleeren, nennt man „sich ...“ (S. 5)
14 Bei Fröschen, Kröten und Molchen sagt man nicht gebären, sondern ... (S. 12)
15 Klavier, Gitarre und Geige haben etwas gemeinsam: man bespannt sie mit ... (S. 12)

Am Martinstag, dem 11. November, erinnert in Sursee der „Gansabhauet“ daran, dass an diesem Tag früher die Untertanen den jährlichen Zehnten an die Lehnsherren abliefern mussten. Heute versuchen die Erwachsenen mit einer Maske vor den Augen und einem stumpfen Schwert bewaffnet eine Gans von einem Strick zu schlagen. Die Kinder kommen zu einem anderen Leckerbissen mit einer Sportart. Welcher Leckerbissen das ist und um welche Sportart es sich handelt, erfährst du, wenn du die Buchstaben in den farbigen Feldern von oben nach unten oder von unten nach oben liest.

Und was entdeckst du unter dem zweitletzten Rubbelfeld?

Lernkontrolle

Bist du nun sattelfest? Lies die Behauptungen genau und entscheide, ob sie wahr sind oder nicht. Verbessere die Fehler dort, wo es möglich ist. Kreise die Buchstaben der richtigen Lösungen ein und schreibe sie in die Kästchen rechts.

	Behauptung	ja	nein	
1	Das sind verschiedene Personalformen der beiden Verben halten und laden: du lädst, wir hielten, du hältst, ihr habt gehalten, wir luden, sie haben geladen, wir holten, ihr ludet, ihr werdet halten	IS	TE	
2	So ist es richtig: du hältst – ihr haltet, du liest– ihr lest, du brätst – ihr bratet, er fährt – ihr fahrt, sie trägt – ihr tragt, er gräbt – ihr grabt	SH	LT	
3	Präteritum und Partizip sind hier richtig geschrieben: nehmen – nahm – genommen empfehlen – empfahl – empfohlen kommen – kam – gekommen stehlen – stahl – gestohlen	NT	ID	
4	Präteritum und Partizip des Perfekts reimen sich jeweils bei beiden Verben: schneiden/reiten denken/bringen gehen/fangen essen/sitzen	EV	EE	
5	Bei diesen 4 Verben reimen sich das Präteritum und das Partizip: saugen, lügen, biegen, ziehen	TO	TR	
6	3 Zeitformen kommen in diesem Text vor: Präsens, Perfekt und Präteritum. Wir schmücken den Weihnachtsbaum mit den Kugeln, die meine Mutter gekauft hat. Vor einer Woche stand die Fichte noch im Wäldchen hinter dem Haus. Letztes Jahr hatten wir eine Edeltanne.	HR	NF	
7	In diesem Text finden sich 4 Zeitformen: Präsens, Futur, Perfekt, Präteritum. Nachdem wir das Bäumchen angesägt haben, klemmen wir es im Ständer fest. Dann behängen wir es mit Silberfäden, die Papa gestern nach Hause gebracht hat. Ob es wohl wie letztes Jahr bis zum Dreikönigstag frisch bleiben wird?	EA	CD	
8	Das sind mit Sicherheit alles Nomen: GEHEIMNIS, VERPACKUNG, HEIMLICHKEIT, VERSCHWIEGENHEIT, WEIHNÄCHTLICH, BESCHERUNG	GL	AE	
9	In diesem Text ist das Grautier in allen 4 Fällen zu finden: Der Esel stand neben dem Ochsen. Josef reichte dem Esel eine Handvoll Heu. Er bat den Esel, Maria und das Neugeborene nach Ägypten zu tragen. Dem Esel war diese Last nicht zu schwer.	EL	NR	
10	Dieser Text enthält genau 3 Pronomen: Ochs und Esel standen neben Maria und Josef. Mit tiefen Atemzügen hielten sie diese etwas warm. Jesus lächelte ihnen zu.	HT	GP	
11	Dieser Satz enthält 3 Nomen, 4 Verben und 3 Adjektive: ES ROCH SO WARM NACH DEN SCHAFEN, DA SCHLIEFEN DIE HIRTEN FRIEDLICH EIN. ES KAM EINE HELLIGKEIT UND EIN ENGEL STAND DA.	TS	IÜ	
12	Dieser Satz enthält 7 Nomen, 2 Verben, 2 Adjektive, 4 Artikel und 3 Wörter anderer Wortarten: DIE KÖNIGE KASPAR, MELCHIOR UND BALTHASAR FOLGTEN DEM HELLEN STERN UND FANDEN DAS KIND IN DER HÖLZERNEN KRIPPE.	ER	AC	
13	Diese Wörter sind alle richtig geschrieben: Weihnachten, Schulhauseinweihung, Priesterweihe, Weihbischof	WE	DH	

Lies die ersten Buchstaben von unten nach oben, die zweiten von oben nach unten.

Gratuliere, alles geschafft! Du darfst das letzte Feld freirubbeln.

Lösungen

Seite 5
Wörter ohne Verwandten mit a oder au:
1. Leute 2. Gewichtheber 3. Herbststurm 4. treuherzig 5. sich freuen 6. heute 7. er streut 8. Holzkreuze 9. Getreidescheune 10. Gartenfreunde

Lösungswort: EPIPHANIAS

Seite 6
Wörter mit k (Fremdwörter unterstrichen):
1. trinken 2. blöken 3. Architekt 4. reklamieren 5. stärken 6. Pauke 7. Elektriker 8. ekelhaft 9. direkt 10. Schenkel 11. streiken
Wörter mit z (Fremdwörter unterstrichen):
12. schmelzen 13. Weizen 14. Offizier 15. schwänzen 16. spazieren 17. winzig 18. Rezept 19. Kreuz 20. Schürze 21. strapazieren 22. Warzenschwein

Lösungswörter: JULIUS CÄSAR, PAPST GREGOR
Papst Gregor reformierte 1582 den Kalender von Julius Cäsar, weil er damals gegenüber dem Sonnenjahr bereits einen halben Monat verschoben war. Die Appenzeller ließen sich vom Papst nichts befehlen und feiern seither zweimal Silvester.

Seite 7
Die Wortstämme lauten:
1. platz 2. stütz 3. fahr 4. pack 5. hack 6. druck 7. schutz 8. setz 9. lock 10. haut 11. freund 12. lack

Lösungswörter:
VOGEL GRYFF, WILDER MANN, LÖWE

Seite 8

1. reiten 2. er ist geritten 3. ein Dressurreiter 4. wir ritten 5. greifen 6. ein Greifvogel 7. du hast gegriffen 8. ihr ergreift 9. er griff 10. kommen 11. das Einkommen 12. ich kam 13. du bist gekommen 14. wir kamen 15. nehmen 16. er nimmt 17. sie hat genommen 18. die Einnahmen 19. Nimm Rücksicht! 20. streiten 21. eine Streitfrage 22. wir stritten 23. ich habe gestritten 24. treffen 25. ich traf 26. du hast getroffen 27. wir trafen

Seite 9
Wörter, die in keine Gruppe passen:
nahe, Stroh, krähen, glühen, Reh, aussehen, blühen, Kuh, Ruhe, froh, früh, Entstehung, ziehen, ihnen, ihre, Schuh, nähen, zäh, spähen, mähen, Zehe

Lösungswörter: TROMMELWEIBER, FLINSERL
Die Flinserln tragen mit Silberflitter geschmückte Kostüme und verteilen als Frühlingsboten den Kindern Nüsse, Früchte und Süßigkeiten.

Seite 10

1. die Moose 2. die Meere 3. das Beerchen 4. die Staaten 5. die Säle 6. die Moore 7. das Bötchen 8. die Aale 9. das Pärchen 10. die Waagen 11. das Seelchen 12. die Haare 13. die Seen 14. die Paare 15. das Härchen 16. die Beeren 17. die Feen 18. die Speere

Seite 11
1. viele, Dichter, Siebenschläfer, frisieren, abfliegen, Mistgabel, Kusine, niemals, Liebesbriefe, linkerhand, verriegeln, Klinik, abwinken, verschieden, hinterlistig, riesig
Fremdwörter: Klinik, Kusine
2. du siehst, er singt, es geschieht, du bist eingestiegen, wir vertrieben, sie winkten ab, er stiehlt, du empfiehlst, sie verschiebt, er befiehlt, wir bringen, er sieht, es war geliehen, das fiel auf

Lösungswörter: GLOCKENGELÄUTE UND PEITSCHENKNALLEN

Seite 12
1. beiden, Seiten, Käselaibe, zum Reifen 2. E-Mails, meilenweit 3. Kohlmeise, Maisfeld 4. kaiserliche, Seite, Rheins 5. Gitarrensaiten, Seite 6. Haiflossen 7. Mai, Ackerraine, reinstem 8. Weihern, laichen 9. Laib 10. Laiengruppe, Beifall 11. Weise, Waisenhaus

Lösungswort: ROSA UND WEISS

Seite 13
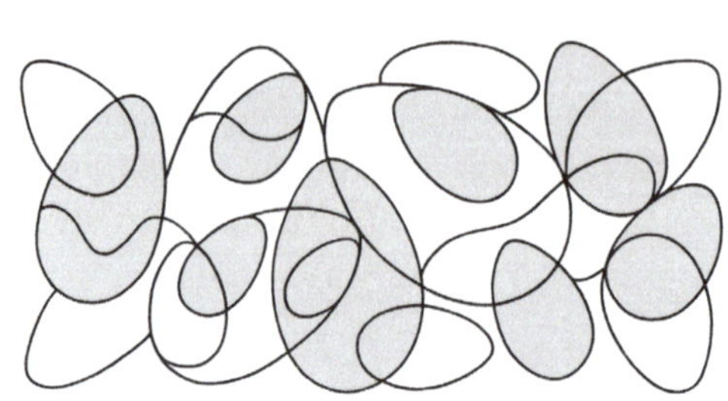

1. Kirsch-baum, Holz-haus, Be-such, Ge-tränk, Durch-blick, Ver-dacht, stein-alt, Wald-rand
2. aus-ge-zeich-net, Scho-ko-la-de, Hei-mat-kun-de, Le-ber-tran, Aben-teu-er, Räu-ber-ban-de, Ofen-tü-re, haar-ge-nau
3. Zu-cker-bä-cker, De-cken-leuch-te, Wa-gen-wä-sche, Da-ckel-haa-re, Bü-cher-rü-cken, Büch-sen-öff-ner, Nacht-wäch-ter, Win-ter-so-cken

Seite 14

1. Punkt 2. Fragezeichen 3. Punkt 4. Ausrufezeichen 5. Punkt 6. Punkt 7. Ausrufezeichen 8. Ausrufezeichen 9. Fragezeichen 10. Punkt 11. Fragezeichen 12. Punkt 13. Ausrufezeichen 14. Fragezeichen 15. Ausrufezeichen 16. Punkt 17. Ausrufezeichen 18. Punkt

Lösungswörter: LEDERGERBER, HUTMACHER, WOLLWEBER, ZIMMERLEUTE, SCHNEIDERMEISTER

Seite 15

1. In Finsing, Eitting, Höslwang, Erding, Pastetten und überall in Bayern werden jedes Jahr Maibäume aufgestellt. 2. Man errichtete sie auf dem Dorfplatz, in Vorgärten, vor Schulen, sogar vor Hotels und Wirtshäusern. 3. Doch wie unterschiedlich schauen sie aus: bemalt, mit Zunftzeichen verziert, ungeschält im Rindenmantel, mit Kränzen geschmückt, mit Fahnen verziert, naturbelassen oder mit Wimpeln bestückt. 4. Viele Hände sind nötig, bis ein Maibaum gefällt, entrindet, getrocknet, geschmückt und endlich aufgerichtet ist. 5. Ein Ächzen, ein Stemmen, ein Knirschen und tüchtige Anfeuerungsrufe – und dann steht der Baum am 1. Tag des Maimonats. 6. Natürlich wird nachher ausgiebig gefeiert mit Bier, Wurst, Käse, Brot und Musik oder Tanz.

Lösung: ... DAS DORF NOCH IN ORDNUNG

Seite 16

1. P 2. F 3. E 4. I 5. - 6. F 7. E 8. N 9. S 10. T 11. I 12. - 13. E 14. R

Lösungswort: PFEIFENSTIER
So heißt das Gerät, mit dem die Appenzeller ihre Pfeifen reinigen.

Seite 17

1. Martin ruft: „Los gehts!" 2. Einer der jüngeren Burschen sagt: „Ich bin das erste Mal dabei."
3. Frank schreit wie wild: „Geht mir aus dem Weg!"
4. Ein untersetzter Bauernjunge fragt: „Wer ist an der Reihe?" 5. Sein Nachbar meint: „Du musst noch eine Weile warten." 6. Die hübsche Marianne ruft begeistert: „Zeig es ihnen, Sepp!" 7. Eine Zuschauerin erkundigt sich: „Wer gewinnt eigentlich?"
8. Der ältere Herr neben ihr erklärt: „Derjenige, der die Kufen zersplittern kann."

Lösung: KUFEN SIND KLEINE HÖLZERNE SALZFÄSSER

Seite 18

1. „Gefällt es dir auf dem Gurten?", will Cindy wissen. 2. „Die letzte Band war genial", findet Flavio.
3. „Bist du auch kein bisschen müde?", fragt Chris leise. 4. „Ich kann überhaupt nicht einschlafen", sagt Louise. 5. „Autsch, jemand hat mich gekickt!", jammert Marc. 6. „Ich friere ein bisschen", erklärt Michi der Gruppe. 7. „Sollen wir dich ein wenig wärmen?", fragen Sandy und Liz kichernd.
8. „Ihr bleibt in euren Schlafsäcken!", befiehlt Leo.

Lösung: INTERNATIONALE BANDS AUF DREI GROSSEN BÜHNEN

Seite 19

1. ja 2. nein: heikel 3. ja 4. nein: Farbe 5. ja 6. nein: wir spielen 7. nein: leibhaftig 8. ja 9. nein: Ofen darf nicht getrennt werden 10. ja 11. nein: vor oder darf kein Komma stehen 12. nein: vor und setzt man kein Komma 13. nein: „Nein, das ist verboten."
14. nein: „Seid vorsichtig!", ruft Manuela 15. ja

Lösung:
FESTE FEIERN VERBINDET JUNG UND ALT

Seite 20

1. du rätst, wir rieten, raten 2. sie riefen, ich habe gerufen, rufen 3. er lädt, ich lud, laden 4. sie hielten, du hältst, halten 5. wir landen, ihr landetet, landen 6. ich leihe, er leiht, leihen 7. sie sticht, wir stachen, stechen 8. wir schlugen, er hat geschlagen, schlagen 9. ihr saht, er hat gesehen, sehen 10. du hobst, wir haben gehoben, heben 11. er trifft, sie hat getroffen, treffen 12. ihr brachtet, er hat gebracht, bringen 13. sie bliesen, es bläst, blasen 14. ich befahl, er hat befohlen, befehlen 15. sie brieten, du brätst, braten 16. er blieb, ihr seid geblieben, bleiben 17. du brachst, er hat gebrochen, brechen

Lösungswort: SCHWARZNASENSCHAFE

Seite 21

Die überzähligen Formen: pfeifst, rätst, ordnest, ziehst, erlebst, stecht, scheltet, imponiert, ordnet, neckt

Lösungswort: PROZESSION

Seite 22
Abweichende Formen:
1. rinnen – rann – geronnen 2. schreiben – schrieb – geschrieben 3. sehen – sah – gesehen 4. lassen – ließ – gelassen 5. bringen – brachte – gebracht 6. reifen – reifte – gereift 7. senden – sandte – gesandt (oder: senden – sendete – gesendet) 8. singen – sang – gesungen 9. springen – sprang – gesprungen

Lösungswort: BRAUCHTUM

Seite 23
1. nehmen – du nahmst – er hat genommen 2. lesen – wir lasen – er hat gelesen 3. sein – ich war – er ist gewesen 4. kommen – du kamst – wir sind gekommen 5. rufen – ich rief – ihr habt gerufen 6. brechen – du brachst – er hat gebrochen 7. treffen – wir trafen – ihr habt getroffen 8. empfehlen – du empfahlst – ich habe empfohlen 9. bitten – ich bat – du hast gebeten 10. singen – er sang – ihr habt gesungen 11. sitzen – wir saßen – ich bin gesessen 12. gelingen – es gelang – es ist gelungen 13. binden – wir banden – du hast gebunden 14. sinken – es sank – wir sind gesunken 15. stehlen – er stahl – wir haben gestohlen

Lösung:
FREIBERGER SIND ZUG- UND REITPFERDE

Seite 24

1. Präsens
2. Präsens
3. Perfekt
4. Präsens
5. Perfekt
6. Präteritum 7. Präteritum 8. Präteritum 9. Präteritum 10. Präteritum 11. Präsens 12. Präsens 13. Präsens 14. Perfekt 15. Präsens 16. Präsens

Seite 25
1. sie werden feiern, sie werden aufbauen, sie werden thronen 2. werden bereitstellen, werden schmücken, wird aufstellen, wird erinnern, werden empfangen, wird ausschenken

Lösungswörter:
WEINBAUERN, REBENSAFT, WEINFASS

Seite 26
1. Nomen: die Anleitung, das Christentum, die Barmherzigkeit, die Abstraktion, das Erlebnis, die Befangenheit, die Station, die Essbarkeit, das Rittertum, das Zeugnis, die Aggression, die Entgleisung, die Ehrlichkeit, die Falschheit, die Obrigkeit, die Erlaubnis, die Verteilung, die Steigung, die Ähnlichkeit, die Schönheit, die Faszination
2. Adjektive: neulich, ergiebig, närrisch, organisierbar, interesselos, trotzig, abenteuerlich, strebsam, nachdenklich, erlernbar, spitzbübisch, lehrerhaft, lieblich, eigensinnig, sesshaft, spannungslos, unabhängig, räuberisch, arbeitsam, königlich

Lösungswörter: ACHTERBAHN, GEISTERBAHN, KARUSSELL, SENSATIONEN

Seite 27
1. wer? (der Bär) 2. wem? (dem Seehund) 3. wen? (den Pinguin) 4. wessen? (des Tigers) 5. wem? (einem Wolf) 6. wer? (der Grauwal) 7. wen? (einen Hund) 8. wessen? (des Lamas) 9. wen? (den Hai) 10. wem? (dem Pferd)

Lösungswort: MONDSICHEL

Seite 28
1. du 2. Er 3. er 4. das 5. die 6. Dieser 7. ihn 8. ihm 9. eine 10. sie 11. der 12. ihm 13. jener

Lösungswort: RÜBENGEISTERN
Ein Brauch aus Oberschwaben, bei dem die Kinder frisch geerntete Futterrüben aushöhlen und mit Fratzen verzieren.

Seite 29

1. DIE = Pronomen; MENSCHEN = Nomen; BEGINNEN = Verb; DEN = Pronomen; TAG = Nomen; FRÜH = Adjektiv; UND = andere Wortart; NEHMEN = Verb; EIN = Pronomen; BAD = Nomen; MIT = andere Wortart; DUFTENDEM = Adjektiv; ÖL = Nomen
2. MAN = Pronomen; TRÄGT = Verb; NEUE = Adjektiv; KLEIDER = Nomen; UND = andere Wortart; VERTEILT = Verb; SÜSSIGKEITEN = Nomen

Seite 30
1. stehlen 2. Säule 3. Grundform 4. Zunft 5. Waise 6. nimm 7. E-Mail 8. Futur 9. Prise 10. Türe 11. Härchen 12. Knäuel 13. schnäuzen 14. laichen 15. Saiten

Lösungswörter: SACKHÜPFEN, WURST

Seite 31
1. nein: wir holten kommt von holen 2. ja 3. ja 4. ja 5. ja 6. ja 7. nein: ein Verb im Präteritum fehlt 8. nein: weihnächtlich ist ein Adjektiv mit der typischen Endung -lich 9. nein: Genitiv fehlt (des Esels) 10. ja 11. nein: Es sind 4 Nomen enthalten (Schafen, Hirten, Helligkeit, Engel) 12. ja 13. ja

Lösung: WEIHNACHTEN STEHT VOR DER TÜRE

Elternhinweise

Auf diesen Seiten finden Sie Hinweise, wie Sie Ihr Kind bei der Bearbeitung der Aufgaben unterstützen können. Ermuntern Sie Ihr Kind, auf jeder Seite zuerst alle Aufgaben zu lösen, bevor es das Lösungswort zusammensetzt.

Seite 5
Die Wortstammregel mit den verwandten Wörtern ist zuverlässig. So lässt sich herausfinden, ob ein Wort mit **e** oder **ä, eu** oder **äu** geschrieben wird. Es gibt jedoch eine beträchtliche Anzahl Wörter, die man nicht ableiten kann. Eine Auswahl davon ist in der Liste zusammengestellt. Drei davon sind in die Übung eingestreut: unfähig, grässlich, sich räuspern.

Seite 6
Die ausführliche Regel, nach der sich entscheiden lässt, ob ein Wort mit **k, ck, z** oder **tz** geschrieben wird, lautet: Nach langem Vokal (z. B. ekelhaft, duzen), nach Doppellaut (z. B. heikel, Pauke, reizen, schnäuzen) und in Fremdwörtern (z. B. Klinik, Polizei) schreibt man nur z oder k. Nach einem Konsonanten folgt stets nur z oder k (z. B. Wolke, stürzen). Als Fremdwörter werden diejenigen Wörter bezeichnet, die ursprünglich aus anderen Sprachen stammen. Für Kinder ist es oft schwierig, diesen fremden Ursprung zu erkennen. Deshalb muss das Kind sich die Ausnahmen gesondert einprägen.

Seite 7
Wortstämme schreibt man von Vorteil immer nur mit Kleinbuchstaben. Die Regel, wonach man Wortstämme immer gleich schreibt, ist im Deutschen sehr wichtig und hilfreich.

Seite 8
Die **Konsonantenverdoppelung** bereitet vielen Kindern Schwierigkeiten. Die Wörter dieser Seite sind so ausgewählt, dass das Kind mit der Klangprobe (klingt der Vokal lang oder kurz?) und mit dem Wissen um die Doppellaute (ei, ai, äu, eu) richtig entscheiden kann.

Seite 9
Die Wörter dieser Seite haben alle eine **Dehnung mit h.** Zuerst soll das Kind den Vokal und die zwei folgenden Buchstaben übermalen und danach das Wort der richtigen Gruppe zuordnen. Jedes abgeschriebene Wort soll Ihr Kind durchstreichen.
Als zusätzliche Übung können Sie ihm die übrig gebliebenen Wörter diktieren. In jeder Gruppe sollten zum Schluss drei Wörter stehen.

Seite 10
Alle Wörter mit dem **doppelten Vokal** ee verändern sich im Plural und in der Diminutivform nicht. Umlaute (ä, ö, ü) werden nicht verdoppelt.

Seite 11
Das Kind spricht die Wörter deutlich vor sich hin, um zu entscheiden, ob das i lang oder kurz ist. Ein langes i wird im Deutschen oft **ie** geschrieben.
Im zweiten Teil muss das Kind die Grundform der Verben beachten, um zu entscheiden, ob die Personalform mit **ieh** geschrieben wird.

Seite 12
Es lohnt sich, die wenigen **Wörter mit ai** zu lernen und ihre Bedeutung zu kennen. So werden sie nicht mit gleichlautenden Wörtern mit ei verwechselt: Laich – Leiche, Laib – Leib usw.

Seite 13
Wenn es dem Kind schwerfällt, die Wörter in alle möglichen Silben zu zerlegen, kann es zu jeder gesprochenen Silbe in die Hände klatschen. Die auf dieser Seite behandelten **Trennregeln** sind die wichtigsten. Vollständig wird das Thema in „Sattelfest in Deutsch“ des 6. Schuljahres behandelt.

Seite 14
Es ist hilfreich, wenn Ihr Kind die Sätze des Gesprächs laut liest, um das passende **Satzschlusszeichen** zu finden. Fragesätze haben eine andere Melodie als Erzählsätze. Sätze, die ein Ausrufezeichen bekommen, sind schwieriger zu definieren: Es handelt sich dabei oft um Ausrufe, Befehle, Wünsche oder die Sätze enthalten Gefühle wie Neugier, Freude, Mitleid, Neckerei, Spott, Klage, Prahlerei, Furcht, Schadenfreude usw.

Seite 15
In der Übung werden verschiedene Arten von **Aufzählungen** behandelt, nach denen ein **Komma** gesetzt werden muss: Aufzählungen einzelner Wörter aber auch Aufzählungen von Wortgruppen wie in Beispiel 2.

Seite 16
Robbie nennt dem Kind einige häufig vorkommende Konjunktionen, die in der Übung verwendet werden. Das Erkennen von Verben, die in der Personalform stehen, ist in Satzverbindungen hilfreich. In Satz 1 findet man zwei Personalformen: sie treiben, sie müssen. Deshalb sind zwei **Teilsätze** vorhanden, die man mit einem **Komma** voneinander abtrennen muss. Steht die Konjunktion am Anfang der Verbindung, kommt das Komma zwischen die beiden Personalformen.

Seite 17
Vielen Kindern bereitet es Schwierigkeiten, die **direkte Rede** (wörtliche Rede) vom Begleitsatz zu unterscheiden. Deshalb sind in dieser Übung die Stellen, wo die Satzzeichen hinkommen, durch Kästchen vorgegeben. Auf dieser Seite steht der Begleitsatz immer vor der Rede. Weiter muss das Kind die Satzarten unterscheiden können, um das richtige Satzschlusszeichen zu finden. Das Satzschlusszeichen gehört noch zur Rede, deshalb setzt man das Schlusszeichen immer dahinter.

Seite 18
Hier folgt der Begleitsatz erst nach der **direkten Rede.** Bemerkenswert ist, dass man nach einem Frage- oder Ausrufezeichen klein weiterfährt. Man kann dies dem Kind damit erklären, dass das Satzgebilde von Rede und Begleitsatz zwei Teilsätze aufweist. Das erklärt auch, weshalb immer ein Komma dazwischensteht. Bekäme die Rede als Satzschlusszeichen einen Punkt, setzt man allerdings immer nur ein Komma. Dies kann damit begründet werden, dass im gleichen Satz niemals zwei Punkte gesetzt werden.

Seite 19
In der **Lernkontrolle** wird das bisher Geübte abgefragt.

Seite 20
Um in einem Wörterbuch schwierige **Personalformen** nachzuschlagen, muss das Kind in der Lage sein, sie auf die **Grundform** des Verbs zurückzuführen. Natürlich kann das Kind bei dieser Übung auch umgekehrt vorgehen. Dann beginnt es in der dritten Spalte mit der Grundform und ordnet ihr die beiden Personalformen zu. Den Buchstaben neben der Grundform muss es in das leere Kästchen ganz links eintragen.

Seite 21
Am besten deckt das Kind die klein gedruckten Lösungen unten an der Seite ab, bevor es die **Personalformen im Präsens** bildet. Danach korrigiert es seine Arbeit und streicht die entsprechenden Personalformen in den Lösungen unten auf der Seite durch.

Seite 22
Es ist sinnvoll, beim Bilden von **Präteritum** und **Perfekt** mit Reimformen zu arbeiten. Das Sprachvermögen wächst mit solchen Analogiebildungen.

Seite 23
Auf dieser Seite geht es um schwierige Formen von **Präteritum und Perfekt.** Kommt das Kind nicht weiter, kann es die Personalformen im Wörterbuch unter der Grundform nachschlagen.

Seite 24
Für die Unterscheidung von **Präsens, Perfekt und Präteritum** ist es hilfreich, wenn das Kind alle Personalformen der Verben blau markiert und dann die Zeiten bestimmt. Bei Nummer 9 darf sich Ihr Kind nicht verwirren lassen. Die Person heißt *es*, die Personalform *musste* steht im Präteritum. Das Verb *gehen* ist keine Personalform, sondern ein weiteres Verb in der Grundform, das nichts mit der im Satz herrschenden Zeit zu tun hat.

Seite 25
Im ersten Teil der Übung sucht das Kind die **Futur-**Formen, im zweiten Teil setzt es solche ein.

Seite 26
Wichtig ist, dass das Kind die **Nomen** mit großem Anfangsbuchstaben schreibt und die **Adjektive** nur mit Kleinbuchstaben.

Seite 27
Vielleicht wird Ihr Kind bald sagen, es erkenne die **vier Fälle** an der Endung des Begleiters. Damit hat es eine wichtige Entdeckung gemacht, denn bei männlichen Nomen stimmt dies. Bei weiblichen und sächlichen Nomen hingegen trifft dies nicht zu. Dieses Thema wird im Heft „Sattelfest in Deutsch" des 6. Schuljahres aufgegriffen.

Seite 28
Die Übung zielt darauf hin, dass das Kind die **Pronomen** erkennt. Es soll mit seinem Sprachgefühl entscheiden, welches Pronomen im Satz eingesetzt werden muss. Weiter kann es sich überlegen, durch welches Pronomen das Nomen ersetzt wird.

Seite 29
Auf der hinteren Umschlaginnenseite findet Ihr Kind Erklärungen, wie es die einzelnen **Wortarten** erkennen kann.

Seite 30
Um das Rätsel lösen zu können, ist das **Leseverständnis** des Kindes gefragt. Selbstverständlich darf im Sinne einer Wiederholung auf den angegebenen Seiten nachgeschaut werden, wenn einzelne Begriffe Schwierigkeiten bereiten.

Seite 31
Wenn Ihr Kind alle Seiten bearbeitet hat, sind ihm die Fragestellungen vertraut und es sollte die **Lernkontrolle** meistern.